Fecha: _____

Identifica productos y procesos. Agrupa los productos de acuerdo a procesos similares para poder determinar luego las familias de productos.

Proceso

Producto

A **Productivity Press** Product

Fecha: _____

Proceso

Producto

Identifica productos y procesos. Agrupa los productos de acuerdo a procesos similares para poder determinar luego las familias de productos.

Fecha: _____

Proceso

Identifica productos y procesos. Agrupa los productos de acuerdo a procesos similares para poder determinar luego las familias de productos.

Producto

MATRIZ DE FAMILIAS DE PRODUCTOS

Identifica productos y procesos. Agrupa los productos de acuerdo a procesos similares para poder determinar luego las familias de productos.

Proceso

Producto

Fecha: _____

Producto

A **Productivity Press** Product

www.enna.com
www.productivitypress.com

Fecha: _____

Proceso

Identifica productos y procesos. Agrupa los productos de acuerdo a procesos similares para poder determinar luego las familias de productos.

Producto

www.enna.com
www.productivitypress.com

Fecha:_____

Identifica productos y procesos. Agrupa los productos de acuerdo a procesos similares para poder determinar luego las familias de productos.

Proceso

Producto

www.enna.com
www.productivitypress.com

MATRIZ DE FAMILIAS DE PRODUCTOS

Fecha:_____

Proceso

Identifica productos y procesos. Agrupa los productos de acuerdo a procesos similares para poder determinar luego las familias de productos.

Producto

Fecha:_____

Proceso

Identifica productos y procesos. Agrupa los productos de acuerdo a procesos similares para poder determinar luego las familias de productos.

Producto

Producto

MATRIZ DE FAMILIAS DE PRODUCTOS

Identifica productos y procesos. Agrupa los productos de acuerdo a procesos similares para poder determinar luego las familias de productos.

Fecha: _____

Proceso

Producto

A **Productivity Press** Product

www.enna.com
www.productivitypress.com

MATRIZ DE FAMILIAS DE PRODUCTOS

Proceso

Identifica productos y procesos. Agrupa los productos de acuerdo a procesos similares para poder determinar luego las familias de productos.

Producto

Fecha: _____

A **Productivity Press** Product

www.enna.com
www.productivitypress.com

Fecha: _____

Proceso

Identifica productos y procesos. Agrupa los productos de acuerdo a procesos similares para poder determinar luego las familias de productos.

Producto

www.enna.com
www.productivitypress.com

MATRIZ DE FAMILIAS DE PRODUCTOS

Fecha:_____

Proceso

Producto

Identifica productos y procesos. Agrupa los productos de acuerdo a procesos similares para poder determinar luego las familias de productos.

www.enna.com
www.productivitypress.com

Fecha:_____

Identifica productos y procesos. Agrupa los productos de acuerdo a procesos similares para poder determinar luego las familias de productos.

Proceso

Producto

A **Productivity Press** Product

Fecha:_____

Proceso

Identifica productos y procesos. Agrupa los productos de acuerdo a procesos similares para poder determinar luego las familias de productos.

Producto

Producto

Fecha: _____

Identifica productos y procesos. Agrupa los productos de acuerdo a procesos similares para poder determinar luego las familias de productos.

Proceso

Producto

Fecha:_____

Proceso

Identifica productos y procesos. Agrupa los productos de acuerdo a procesos similares para poder determinar luego las familias de productos.

Producto

MATRIZ DE FAMILIAS DE PRODUCTOS

Fecha: _____

Identifica productos y procesos. Agrupa los productos de acuerdo a procesos similares para poder determinar luego las familias de productos.

Proceso

Producto

www.enna.com
www.productivitypress.com

MATRIZ DE FAMILIAS DE PRODUCTOS

Fecha: _____

Identifica productos y procesos. Agrupa los productos de acuerdo a procesos similares para poder determinar luego las familias de productos.

Proceso

Producto

A **Productivity Press** Product

www.enna.com
www.productivitypress.com

Fecha:_____

Proceso

Identifica productos y procesos. Agrupa los productos de acuerdo a procesos similares para poder determinar luego las familias de productos.

Producto

A **Productivity Press** Product

www.enna.com
www.productivitypress.com

Fecha:_____

Proceso

Identifica productos y procesos. Agrupa los productos de acuerdo a procesos similares para poder determinar luego las familias de productos.

Producto

www.enna.com
www.productivitypress.com

MATRIZ DE FAMILIAS DE PRODUCTOS

Fecha:_____

Proceso

Identifica productos y procesos. Agrupa los productos de acuerdo a procesos similares para poder determinar luego las familias de productos.

Producto

Fecha: _____

Proceso

Identifica productos y procesos. Agrupa los productos de acuerdo a procesos similares para poder determinar luego las familias de productos.

Producto

www.enna.com
www.productivitypress.com

MATRIZ DE FAMILIAS DE PRODUCTOS

Fecha: _____

Proceso

Identifica productos y procesos. Agrupa los productos de acuerdo a procesos similares para poder determinar luego las familias de productos.

Producto

MATRIZ DE FAMILIAS DE PRODUCTOS

Fecha: _____

Proceso

Identifica productos y procesos. Agrupa los productos de acuerdo a procesos similares para poder determinar luego las familias de productos.

Producto

A **Productivity Press** Product

Fecha:_____

Proceso

Identifica productos y procesos. Agrupa los productos de acuerdo a procesos similares para poder determinar luego las familias de productos.

Producto